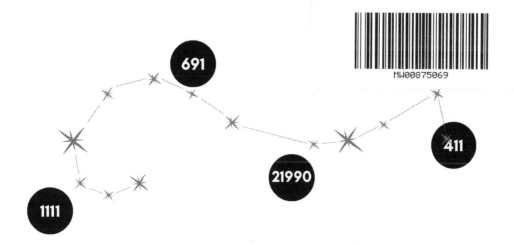

CÓDIGOS
SAGRADOS

ACTIVANDO LA PROSPERIDAD Y LA ABUNDANCIA

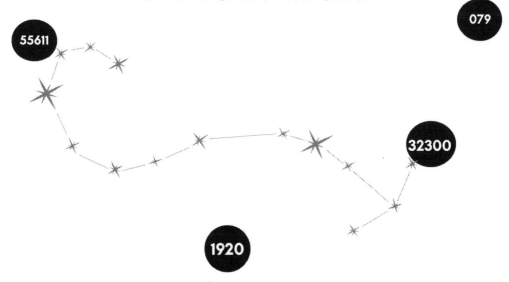

DE DÓNDE SALIERON LOS CÓDIGOS SAGRADOS?

Son una herramienta espiritual entregado por Seres de Luz como la madre María, los ángeles, los arcángeles y algunos maestros ascendidos), a través de José Gabriel Uribe (Agesta), siendo él un canal para transmitir estos códigos sagrados a todas las personas para ayudarnos a elevar la consciencia y conectarnos con la divinidad.

QUÉ SON LOS CÓDIGOS SAGRADOS?

Son una forma de oración que utiliza los números siendo éstos una herramienta fácil para conectarnos con la divinidad, con los seres de luz para que nos guíen, sanen, aconsejen, limpien nuestra energía, elementos y espacios, así como la de otras personas.

Cada código, cada serie numérica tiene una vibración específica del ser de luz o bienestar o bendición que representa.

A ESTOS CÓDIGOS SE LES HAN LLAMADO CÓDIGOS SAGRADOS, CÓDIGOS DE SANACIÓN O CÓDIGOS DE CONEXIÓN ESPIRITUAL!

EN QUÉ CONSISTEN LOS CÓDIGOS SAGRADOS?

Son series numéricas que al ser repetidas con intención y fe, nos permiten conectarnos con el cielo de una forma rápida, sencilla y directa.

Estos códigos al ser numéricos generan una comunicación directa con el Universo, ya que todo en él está hecho de una matemática perfecta, es por eso que estos códigos *son una herramienta poderosa y eficiente para conectarnos con los ángeles y seres de luz de forma clara ya que estamos hablando el lenguaje numérico del Universo* y ahí podemos estar seguros(as) de que el cielo nos escucha y comienza a trabajar para atender a nuestras oraciones.

SIN IMPORTAR TUS CREENCIAS O LA RELIGIÓN QUE PRACTIQUES, LOS CÓDIGOS SAGRADOS FUNCIONAN PARA TODOS¡ SIEMPRE CONTAMOS CON AYUDA CELESTIAL PARA CUMPLIR EL PLAN DEL ALMA.

ACERCA DE LOS CÓDIGOS SAGRADOS?

Existen más de 1.900 códigos sagrados canalizados por el Maestro Agesta, los cuales puedes buscarlos en internet en la página www.manualdecodigossagrados.com y puedes descargar el listado.

Existe un código sagrado para todos los ámbitos de nuestra vida: la salud, la abundancia, las relaciones interpersonales, el amor, el trabajo, el propósito de vida, etc, y al usarlos con intención, abriremos los caminos para recibir bendiciones a nuestra vida.

Este libro está dedicado a compartirte aquellos Códigos Sagrados que te conducirán al encuentro de la prosperidad y abundancia para tu vida (27) y viene con un regalo hermoso de 45 afirmaciones para atraerlas.

PORQUÉ FUNCIONAN LOS CÓDIGOS SAGRADOS?

Los números son vibración y el universo responde a una vibración, por tanto al recitar un código sagrado estás emitiendo la vibración correcta de aquello que deseas en tu vida y así poder obtener el bienestar que deseas, ya que las ondas de vibración que emitimos entran en resonancia con las del cielo.

El Universo entiende de frecuencia y vibración y si bien nuestros pensamientos y emociones son esto, a veces pueden no ser claras al expresar nuestro deseos con palabras.

Sin embargo con el uso de los códigos, de los números siempre estarás en la vibración y frecuencia correcta sin cabida a equivocaciones, ya que tienes el número directo que te lleva a conectar con los seres de luz y lograr tus deseos, lo único que te corresponde es *recitar los códigos con intención, fe y certeza que se te dará dado todo aquello que sea para tu máximo bien y júbilo.*

CÓMO SE USAN LOS CÓDIGOS SAGRADOS

Los códigos sagrados son oraciones representadas en series numéricas que cuando se repiten con fe e intención, el universo, la divinidad, las recibe como solicitudes claras y así los seres de luz vienen a asistirnos amorosamente para proveernos una vida más próspera, amorosa, saludable con ¡bienestar y armonía!

Sumérgete en el infinito mundo de las posibilidades, cada código representa un deseo, un anhelo, una intención una oración que cuando los recitamos nos conectamos con su energía y lo atraemos a nuestra vida.

El código sagrado que elijas debe ser repetido 45 veces y esto se debe a que Agesta indica que el número 45 es el amplificador de la vibración del Código Único.

Repetir un código sagrado te genera concentración, armoniza y calma la mente y si lo haces con la ilusión y con la convicción de que están teniendo efecto en el mismo momento en que los nombras.

CUÁNTAS VECES SE REPITEN LOS CÓDIGOS SAGRADOS

EL número de dias depende de cada persona, lo recomendable es hacerlos hasta que tu petición se manifieste en este plano físico o hasta que sepas de corazón que ya puedes dar las gracias.

Puedes repetir estas series de 45 en cualquier momento del día y las veces que tu desees, puede ser un momento en la mañana y otro noche de dormir.

Vas a repetir el mismo código sagrado por 3, 7 ó 21 días, estos tres números se consideran de poder espiritual.

Los códigos sagrados los puedes decir como te parezcan más sencillo ejemplo: el código 11550 para atraer el amor a mi vida, puedes decirlo: once quinientos cincuenta ó once cinco cinco cero ó oncemil quinientos cincuenta ó uno uno cinco cinco cero.

CUÁNTOS CÓDIGOS SAGRADOS PUEDES HACER SIMULTÁNEAMENTE?

Puedes usar todos los códigos sagrados que creas que necesites.

CÓMO SE USAN LOS CÓDIGOS SAGRADOS

Del listado de códigos sagrados que encontrarás, selecciona el o los códigos sagrados que te resuenen y luego:

1. Repite el número por 45 veces (puedes hacer un collar con 45 cuencas y en este libro también encontrarás un contador que puedes utilizar por 3 veces).

2. Expresa tu intención: antes de comenzar puedes decir : Aplico el código sagrado _____, con la intención de atraer a mi vida_____(el beneficio , bendición o deseos que deseas atraer a tu vida).

3. Eleva tu oración, repitiendo 45 veces el código sagrado, recuerda hacerlo con fe , certeza y confianza e intención clara.

4. Agradece, una vez termines tu oración, y cierra con una frase como gracias al código sagrado _____, está activado en mi, hecho esta gracias, gracias, gracias.

5. Confia: suelta tus expectativas y desapégate del resultado, vuelve a tus labores, con la certeza que tus oraciones han sido escuchadas y están siendo atendidas por el cielo.

LA PROSPERIDAD Y LA ABUNDANCIA

Cuando escuchamos hablar de Abundancia por reflejo pensamos en dinero. Pero la Abundancia es mucho más que riqueza y vernos satisfechas(os) en nuestras necesidades materiales.

Por tanto es importante que diferenciemos tres términos:

ABUNDANCIA

Abundancia proviene del latín *"abundantia"* y se refiere a gran cantidad de algo.
La palabra «algo», incluye el espectro completo de cosas por las que se puede ser abundante, es decir, la abundancia abarca todos los aspectos, por ejemplo, ser abundante en amor, en amistad, en salud, en labor, en bienes materiales, en dinero,etc

RIQUEZA

Se puede considerar como positivo y empoderador.
Tener riqueza es la abundancia de lo positivo, como abundancia de dinero, bienes, negocios o poder.

PROSPERIDAD

Significa salir bien, tener buena suerte o éxito en lo que sucede.

Es un estado del ser, expresado en el verbo "Yo Soy".

Por tanto, la prosperidad está ligada a un trabajo interior con tu sentido de merecimiento, el desarrollo de confianza y rendición ante la fuente que todo provee y
a la retribución de todo lo que has dado.

Es la capacidad interna de crear lo necesario en el momento preciso.

Cualquier dificultad que tengamos frente al dinero y la prosperidad son reflejos de nuestros pensamientos.

La estrategia para abrirnos a la abundancia infinita que el Universo a dispuesto para nosotras, es mediante el pensamiento.

LA PROSPERIDAD ESTÁ RELACIONADA EN EL DAR Y RECIBIR, EN EL CÓMO SERVIMOS A LOS OTROS, DESDE NUESTRO SER.

CÓMO CONECTARTE CON LA PROSPERIDAD Y ABUNDANCIA.

1. Merecimiento: Sentirse merecedora(o) de riqueza, abundancia y prosperidad.

2. Gratitud: Aceptar nuestra realidad dejando de sufrir y luchar contra ella y centramos en disfrutar y agradecer de lo ya tenemos.

3. Servicio: Compartir los talentos, dar siempre lo mejor que tenemos en pensamiento, palabra y obra.
El servicio conecta al espíritu con la materia, el servicio se sustenta en la ley de compartir y en la ley de la retribución.

Es el gran generador de riqueza.

4. Confianza: La confianza en si misma(o) y en la divinidad, abre las puertas de la abundancia y la prosperidad, permite gozar de éxito y satisfacción en todas las áreas de la vida.

5.Compromiso: Es el punto fundamental para emprender acciones y lograr el cambio, es lo que permite que una promesa se haga realidad.
Es el que da la fuerza ante los retos es el triunfo contra la desconfianza.
El compromiso es la coherencia: pensamiento, palabra y acción.

6. Sabiduría: Es la capacidad de aprovechar lo que existe, en el lugar donde estemos, para ser felices y prósperos y abundantes con los recursos que tenemos y que podemos usar,
es la capacidad de ser feliz con lo que se tiene.

ESCRIBE 20 COSAS POR LAS QUE ESTÉS AGRADECIDA(O) HOY EN EL ÁREA DE LA PROSPERIDAD Y ABUNDANCIA

1	
2	
3	
4	
5	
6	
7	
8	
9	
10	
11	
12	
13	
14	
15	
16	
17	
18	
19	
20	

EJERCICIO DE VISUALIZACIÓN DE PROSPERIDAD

Coloca música suave, cierra los ojos e imagina como sería tener las cosas que siempre has querido:

1. Que aspecto tienen
2. A donde irías
3. Como estás vestido
4. Que hueles, que escuchas, que tocas
5. Como se ve todo el entorno
6. Como te sentirías.
7. Siéntelo, disfrútalo se creativa y diviértete

CÓDIGOS SAGRADOS PARA ATRAER LA PROSPERIDAD Y ABUNDANCIA

691 ABRIR CAMINOS

0390 CONFIANZA

1111 ABRIRSE A NUEVAS OPORTUNIDADES

45139 DESPEJAR CAMINOS

3333 GRATITUD

2190 ÉXITO EN LA VIDA

411 ÉXITO EN TODO LO QUE EMPRENDA

71588 ATRAER CLIENTES A UN NEGOCIO

079 ATRAER LA PROSPERIDAD (ANGEL DE LA PROSPERIDAD)

1920 ANGELES DE LA ABUNDANCIA

545, 32300 RECIBIR REGALOS DEL UNIVERSO

194 ATRAER LA ABUNDANCIA OFRECIDA POR LA MADRE MARÍA NUESTRA SEÑORA DE FATIMA

1122, 5701 PERMITIR QUE EL DINERO FLUYA HACIA UNO

4, 411 ÁNGEL URIEL (MATERIALIZAR SUEÑOS Y TENER ÉXITO EN LO QUE EMPRENDA).

88829 ÁNGEL DE LA RIQUEZA

71269 ANGEL DE LA ABUNDANCIA

55611 PROSPERIDAD Y BIENESTAR ECONÓMICO

133 ACELERAR EL ADVENIMIENTO DE LA RIQUEZA

334 ÁNGEL NATHANIEL (REALIZAR CAMBIOS PROFUNDOS, ATRAER EL DINERO DE FORMA DRÁSTICA Y RÁPIDA)

42170 CÓDIGO PARA QUE EL DINERO LLEGUE A NUESTRA VIDA FLUIDO Y SIN TROPIEZOS

94, 736 Y 12 SANAR LA SENSACIÓN DE NO MERECIMIENTO

454545 SAN EXPEDITO... ESTE CÓDIGO SIGNIFICA TRIPLE MANIFESTACIÓN, PUES EL 45 ES UN NÚMERO QUE MANIFIESTA. SAN EXPEDITO HA MANIFESTADO EN VARIAS OPORTUNIDADES QUE DESEA SER LLAMADO EL DÍA 19 DE CADA MES.)

8829, 375, 684, 424, 299, 874, 1697, 531, 889, 912, 16700, 5600 PARA ENCONTRAR EMPLEO / SAN EXPEDITO

822 COSECHAR EL ESFUERZO REALIZADO, RECUPERANDO EL TIEMPO PERDIDO DR. JOSÉ GREGORIO HERNÁNDEZ

212 CORRECTO MANEJO DEL DINERO

897, 42170 PARA CASOS APREMIANTES Y NOS LLEGUE EL DINERO

858 SAN ANTONIO DE PADUA (RECUPERAR ELEMENTOS PERDIDOS, RECIBIR DINERO DE DEUDAS)

CÓDIGO SAGRADO
691

ABRIR CAMINOS

Aplico el código sagrado 691 con el fin de atraer a mi vida_____, 691, 691... (45 veces).

1	2	3	4	5	6	7	8	9	10
11	12	13	14	15	16	17	18	19	20
21	22	23	24	25	26	27	28	29	30
31	32	33	34	35	36	37	38	39	40
41	42	43	44	45					

1	2	3	4	5	6	7	8	9	10
11	12	13	14	15	16	17	18	19	20
21	22	23	24	25	26	27	28	29	30
31	32	33	34	35	36	37	38	39	40
41	42	43	44	45					

1	2	3	4	5	6	7	8	9	10
11	12	13	14	15	16	17	18	19	20
21	22	23	24	25	26	27	28	29	30
31	32	33	34	35	36	37	38	39	40
41	42	43	44	45					

Gracias al código sagrado 691, está activado en mi hecho está...

GRACIAS, GRACIAS, GRACIAS

CÓDIGO SAGRADO
0390

TENER CONFIANZA

Aplico el código sagrado 0390 con el fin de atraer a mi
vida_____, 0390, 0390... (45 veces).

1	2	3	4	5	6	7	8	9	10
11	12	13	14	15	16	17	18	19	20
21	22	23	24	25	26	27	28	29	30
31	32	33	34	35	36	37	38	39	40
41	42	43	44	45					

1	2	3	4	5	6	7	8	9	10
11	12	13	14	15	16	17	18	19	20
21	22	23	24	25	26	27	28	29	30
31	32	33	34	35	36	37	38	39	40
41	42	43	44	45					

1	2	3	4	5	6	7	8	9	10
11	12	13	14	15	16	17	18	19	20
21	22	23	24	25	26	27	28	29	30
31	32	33	34	35	36	37	38	39	40
41	42	43	44	45					

Gracias al código sagrado 0390 está activado en mi hecho está......

GRACIAS, GRACIAS, GRACIAS

CÓDIGO SAGRADO
1111

ABRIRSE A NUEVAS OPORTUNIDADES

Aplico el código sagrado 1111 con el fin de atraer a mi vida_____, 1111, 1111... (45 veces).

1	2	3	4	5	6	7	8	9	10
11	12	13	14	15	16	17	18	19	20
21	22	23	24	25	26	27	28	29	30
31	32	33	34	35	36	37	38	39	40
41	42	43	44	45					

1	2	3	4	5	6	7	8	9	10
11	12	13	14	15	16	17	18	19	20
21	22	23	24	25	26	27	28	29	30
31	32	33	34	35	36	37	38	39	40
41	42	43	44	45					

1	2	3	4	5	6	7	8	9	10
11	12	13	14	15	16	17	18	19	20
21	22	23	24	25	26	27	28	29	30
31	32	33	34	35	36	37	38	39	40
41	42	43	44	45					

Gracias al código sagrado 1111, está activado en mi hecho está...

GRACIAS, GRACIAS, GRACIAS

CÓDIGO SAGRADO
45139

DESPEJAR LOS CAMINOS

Aplico el código sagrado 45139 con el fin de atraer a mi vida_____, 45139, 45139... (45 veces).

1	2	3	4	5	6	7	8	9	10
11	12	13	14	15	16	17	18	19	20
21	22	23	24	25	26	27	28	29	30
31	32	33	34	35	36	37	38	39	40
41	42	43	44	45					

1	2	3	4	5	6	7	8	9	10
11	12	13	14	15	16	17	18	19	20
21	22	23	24	25	26	27	28	29	30
31	32	33	34	35	36	37	38	39	40
41	42	43	44	45					

1	2	3	4	5	6	7	8	9	10
11	12	13	14	15	16	17	18	19	20
21	22	23	24	25	26	27	28	29	30
31	32	33	34	35	36	37	38	39	40
41	42	43	44	45					

Gracias al código sagrado 45139 está activado en mi hecho está....

GRACIAS, GRACIAS, GRACIAS

CÓDIGO SAGRADO
3333

GRATITUD POR LO QUE TE DA LA VIDA

Aplico el código sagrado 3333 con el fin de atraer a mi vida_____, 3333 ,3333 ... (45 veces).

1	2	3	4	5	6	7	8	9	10
11	12	13	14	15	16	17	18	19	20
21	22	23	24	25	26	27	28	29	30
31	32	33	34	35	36	37	38	39	40
41	42	43	44	45					

1	2	3	4	5	6	7	8	9	10
11	12	13	14	15	16	17	18	19	20
21	22	23	24	25	26	27	28	29	30
31	32	33	34	35	36	37	38	39	40
41	42	43	44	45					

1	2	3	4	5	6	7	8	9	10
11	12	13	14	15	16	17	18	19	20
21	22	23	24	25	26	27	28	29	30
31	32	33	34	35	36	37	38	39	40
41	42	43	44	45					

Gracias al código sagrado 3333 , está activado en mi hecho está....

GRACIAS, GRACIAS, GRACIAS

CÓDIGO SAGRADO
2190

ÉXITO EN LA VIDA

Aplico el código sagrado 2190 con el fin de atraer a mi vida_____, 2190, 2190... (45 veces).

1	2	3	4	5	6	7	8	9	10
11	12	13	14	15	16	17	18	19	20
21	22	23	24	25	26	27	28	29	30
31	32	33	34	35	36	37	38	39	40
41	42	43	44	45					

1	2	3	4	5	6	7	8	9	10
11	12	13	14	15	16	17	18	19	20
21	22	23	24	25	26	27	28	29	30
31	32	33	34	35	36	37	38	39	40
41	42	43	44	45					

1	2	3	4	5	6	7	8	9	10
11	12	13	14	15	16	17	18	19	20
21	22	23	24	25	26	27	28	29	30
31	32	33	34	35	36	37	38	39	40
41	42	43	44	45					

Gracias al código sagrado 2190 está activado en mi hecho está...

GRACIAS, GRACIAS, GRACIAS

CÓDIGO SAGRADO
411

ÉXITO EN TODO LO QUE EMPRENDAS

Aplico el código sagrado 411 con el fin de atraer a mi vida_____, 411, 411.. (45 veces).

1	2	3	4	5	6	7	8	9	10
11	12	13	14	15	16	17	18	19	20
21	22	23	24	25	26	27	28	29	30
31	32	33	34	35	36	37	38	39	40
41	42	43	44	45					

1	2	3	4	5	6	7	8	9	10
11	12	13	14	15	16	17	18	19	20
21	22	23	24	25	26	27	28	29	30
31	32	33	34	35	36	37	38	39	40
41	42	43	44	45					

1	2	3	4	5	6	7	8	9	10
11	12	13	14	15	16	17	18	19	20
21	22	23	24	25	26	27	28	29	30
31	32	33	34	35	36	37	38	39	40
41	42	43	44	45					

Gracias al código sagrado 411, está activado en mi hecho está...

GRACIAS, GRACIAS, GRACIAS

CÓDIGO SAGRADO
71588

ATRAER CLIENTES A TU NEGOCIO

Aplico el código sagrado 71588 con el fin de atraer a mi vida_____, 71588, 71588... (45 veces).

1	2	3	4	5	6	7	8	9	10
11	12	13	14	15	16	17	18	19	20
21	22	23	24	25	26	27	28	29	30
31	32	33	34	35	36	37	38	39	40
41	42	43	44	45					

1	2	3	4	5	6	7	8	9	10
11	12	13	14	15	16	17	18	19	20
21	22	23	24	25	26	27	28	29	30
31	32	33	34	35	36	37	38	39	40
41	42	43	44	45					

1	2	3	4	5	6	7	8	9	10
11	12	13	14	15	16	17	18	19	20
21	22	23	24	25	26	27	28	29	30
31	32	33	34	35	36	37	38	39	40
41	42	43	44	45					

Gracias al código sagrado 71588 está activado en mi hecho está...

GRACIAS, GRACIAS, GRACIAS

CÓDIGO SAGRADO
079

ATRAER LA PROSPERIDAD- ÁNGEL DE LA PROSPERIDAD

Aplico el código sagrado 079 con el fin de atraer a mi vida_____, 079, 079... (45 veces).

1	2	3	4	5	6	7	8	9	10
11	12	13	14	15	16	17	18	19	20
21	22	23	24	25	26	27	28	29	30
31	32	33	34	35	36	37	38	39	40
41	42	43	44	45					

1	2	3	4	5	6	7	8	9	10
11	12	13	14	15	16	17	18	19	20
21	22	23	24	25	26	27	28	29	30
31	32	33	34	35	36	37	38	39	40
41	42	43	44	45					

1	2	3	4	5	6	7	8	9	10
11	12	13	14	15	16	17	18	19	20
21	22	23	24	25	26	27	28	29	30
31	32	33	34	35	36	37	38	39	40
41	42	43	44	45					

Gracias al código sagrado 079 está activado en mi hecho está...

GRACIAS, GRACIAS, GRACIAS

CÓDIGO SAGRADO
1920

ÁNGELES DE LA ABUNDANCIA

Aplico el código sagrado 1920 con el fin de atraer a mi vida_____, 1920 , 1920 ... (45 veces).

1	2	3	4	5	6	7	8	9	10
11	12	13	14	15	16	17	18	19	20
21	22	23	24	25	26	27	28	29	30
31	32	33	34	35	36	37	38	39	40
41	42	43	44	45					

1	2	3	4	5	6	7	8	9	10
11	12	13	14	15	16	17	18	19	20
21	22	23	24	25	26	27	28	29	30
31	32	33	34	35	36	37	38	39	40
41	42	43	44	45					

1	2	3	4	5	6	7	8	9	10
11	12	13	14	15	16	17	18	19	20
21	22	23	24	25	26	27	28	29	30
31	32	33	34	35	36	37	38	39	40
41	42	43	44	45					

Gracias al código sagrado 1920 está activado en mi hecho está.....

GRACIAS, GRACIAS, GRACIAS

CÓDIGO SAGRADO
545 ó 32300

RECIBIR REGALOS DEL UNIVERSO

Aplico el código sagrado 545 ó 32300 con el fin de atraer a mi vida_____, 545 ó 32300... (45 veces).

(1) (2) (3) (4) (5) (6) (7) (8) (9) (10)
(11) (12) (13) (14) (15) (16) (17) (18) (19) (20)
(21) (22) (23) (24) (25) (26) (27) (28) (29) (30)
(31) (32) (33) (34) (35) (36) (37) (38) (39) (40)
(41) (42) (43) (44) (45)

(1) (2) (3) (4) (5) (6) (7) (8) (9) (10)
(11) (12) (13) (14) (15) (16) (17) (18) (19) (20)
(21) (22) (23) (24) (25) (26) (27) (28) (29) (30)
(31) (32) (33) (34) (35) (36) (37) (38) (39) (40)
(41) (42) (43) (44) (45)

(1) (2) (3) (4) (5) (6) (7) (8) (9) (10)
(11) (12) (13) (14) (15) (16) (17) (18) (19) (20)
(21) (22) (23) (24) (25) (26) (27) (28) (29) (30)
(31) (32) (33) (34) (35) (36) (37) (38) (39) (40)
(41) (42) (43) (44) (45)

Gracias al código sagrado 545 ó 32300, está activado en mi hecho está...

GRACIAS, GRACIAS, GRACIAS

CÓDIGO SAGRADO
194

ATRAER LA ABUNDANCIA OFRECIDA POR LA MADRE MARÍA NUESTRA SEÑORA DE FATIMA

Aplico el código sagrado 194 con el fin de atraer a mi vida_____, 194, 194... (45 veces).

1	2	3	4	5	6	7	8	9	10
11	12	13	14	15	16	17	18	19	20
21	22	23	24	25	26	27	28	29	30
31	32	33	34	35	36	37	38	39	40
41	42	43	44	45					

1	2	3	4	5	6	7	8	9	10
11	12	13	14	15	16	17	18	19	20
21	22	23	24	25	26	27	28	29	30
31	32	33	34	35	36	37	38	39	40
41	42	43	44	45					

1	2	3	4	5	6	7	8	9	10
11	12	13	14	15	16	17	18	19	20
21	22	23	24	25	26	27	28	29	30
31	32	33	34	35	36	37	38	39	40
41	42	43	44	45					

Gracias al código sagrado 194 está activado en mi hecho está...

GRACIAS, GRACIAS, GRACIAS

CÓDIGO SAGRADO
1122 ó 5701

PERMITIR QUE EL DINERO FLUYA HACIA UNO

Aplico el código sagrado 1122 ó 5701 con el fin de atraer a mi vida_____, 1122 ó 5701 ... (45 veces).

1 2 3 4 5 6 7 8 9 10
11 12 13 14 15 16 17 18 19 20
21 22 23 24 25 26 27 28 29 30
31 32 33 34 35 36 37 38 39 40
41 42 43 44 45

1 2 3 4 5 6 7 8 9 10
11 12 13 14 15 16 17 18 19 20
21 22 23 24 25 26 27 28 29 30
31 32 33 34 35 36 37 38 39 40
41 42 43 44 45

1 2 3 4 5 6 7 8 9 10
11 12 13 14 15 16 17 18 19 20
21 22 23 24 25 26 27 28 29 30
31 32 33 34 35 36 37 38 39 40
41 42 43 44 45

Gracias al código sagrado 1122 ó 5701, está activado en mi hecho está...

GRACIAS, GRACIAS, GRACIAS

CÓDIGO SAGRADO
4 ó 411

ÁNGEL URIEL(MATERIALIZAR LOS SUEÑOS Y TENER ÉXITO EN LO QUE EMPRENDAS)

Aplico el código sagrado 4 ó 411 con el fin de atraer a mi vida_____, 4 ó 411... (45 veces).

1	2	3	4	5	6	7	8	9	10
11	12	13	14	15	16	17	18	19	20
21	22	23	24	25	26	27	28	29	30
31	32	33	34	35	36	37	38	39	40
41	42	43	44	45					

1	2	3	4	5	6	7	8	9	10
11	12	13	14	15	16	17	18	19	20
21	22	23	24	25	26	27	28	29	30
31	32	33	34	35	36	37	38	39	40
41	42	43	44	45					

1	2	3	4	5	6	7	8	9	10
11	12	13	14	15	16	17	18	19	20
21	22	23	24	25	26	27	28	29	30
31	32	33	34	35	36	37	38	39	40
41	42	43	44	45					

Gracias al código sagrado 4 ó 411 está activado en mi hecho está...

GRACIAS, GRACIAS, GRACIAS

CÓDIGO SAGRADO
88829

ÁNGEL DE LA RIQUEZA

Aplico el código sagrado 88829 con el fin de atraer a mi vida_____, 88829, 88829... (45 veces).

1	2	3	4	5	6	7	8	9	10
11	12	13	14	15	16	17	18	19	20
21	22	23	24	25	26	27	28	29	30
31	32	33	34	35	36	37	38	39	40
41	42	43	44	45					

1	2	3	4	5	6	7	8	9	10
11	12	13	14	15	16	17	18	19	20
21	22	23	24	25	26	27	28	29	30
31	32	33	34	35	36	37	38	39	40
41	42	43	44	45					

1	2	3	4	5	6	7	8	9	10
11	12	13	14	15	16	17	18	19	20
21	22	23	24	25	26	27	28	29	30
31	32	33	34	35	36	37	38	39	40
41	42	43	44	45					

Gracias al código sagrado 88829, está activado en mi hecho está...

GRACIAS, GRACIAS, GRACIAS

CÓDIGO SAGRADO
71269

ÁNGEL DE LA ABUNDANCIA

Aplico el código sagrado 71269 con el fin de atraer a mi vida_____, 71269, 71269.. (45 veces).

1	2	3	4	5	6	7	8	9	10
11	12	13	14	15	16	17	18	19	20
21	22	23	24	25	26	27	28	29	30
31	32	33	34	35	36	37	38	39	40
41	42	43	44	45					

1	2	3	4	5	6	7	8	9	10
11	12	13	14	15	16	17	18	19	20
21	22	23	24	25	26	27	28	29	30
31	32	33	34	35	36	37	38	39	40
41	42	43	44	45					

1	2	3	4	5	6	7	8	9	10
11	12	13	14	15	16	17	18	19	20
21	22	23	24	25	26	27	28	29	30
31	32	33	34	35	36	37	38	39	40
41	42	43	44	45					

Gracias al código sagrado 71269 está activado en mi hecho está....

GRACIAS, GRACIAS, GRACIAS

CÓDIGO SAGRADO
55611

PROSPERIDAD Y BIENESTAR ECONÓMICO

Aplico el código sagrado 55611 con el fin de atraer a mi vida_____, 55611, 55611... (45 veces).

1	2	3	4	5	6	7	8	9	10
11	12	13	14	15	16	17	18	19	20
21	22	23	24	25	26	27	28	29	30
31	32	33	34	35	36	37	38	39	40
41	42	43	44	45					

1	2	3	4	5	6	7	8	9	10
11	12	13	14	15	16	17	18	19	20
21	22	23	24	25	26	27	28	29	30
31	32	33	34	35	36	37	38	39	40
41	42	43	44	45					

1	2	3	4	5	6	7	8	9	10
11	12	13	14	15	16	17	18	19	20
21	22	23	24	25	26	27	28	29	30
31	32	33	34	35	36	37	38	39	40
41	42	43	44	45					

Gracias al código sagrado 55611 está activado en mi hecho está...

GRACIAS, GRACIAS, GRACIAS

CÓDIGO SAGRADO
133

ACELERAR EL ADVENIMIENTO DE LA RIQUEZA

Aplico el código sagrado 133 con el fin de atraer a mi vida_____, 133, 133... (45 veces).

1	2	3	4	5	6	7	8	9	10
11	12	13	14	15	16	17	18	19	20
21	22	23	24	25	26	27	28	29	30
31	32	33	34	35	36	37	38	39	40
41	42	43	44	45					

1	2	3	4	5	6	7	8	9	10
11	12	13	14	15	16	17	18	19	20
21	22	23	24	25	26	27	28	29	30
31	32	33	34	35	36	37	38	39	40
41	42	43	44	45					

1	2	3	4	5	6	7	8	9	10
11	12	13	14	15	16	17	18	19	20
21	22	23	24	25	26	27	28	29	30
31	32	33	34	35	36	37	38	39	40
41	42	43	44	45					

Gracias al código sagrado 133 está activado en mi hecho está...

GRACIAS, GRACIAS, GRACIAS

CÓDIGO SAGRADO
334

ÁNGEL NATHANIEL (REALIZAR CAMBIOS PROFUNDOS, ATRAER EL DINERO DE FORMA RÁPIDA)

Aplico el código sagrado 334 con el fin de atraer a mi vida_____, 334, 334.. (45 veces).

1	2	3	4	5	6	7	8	9	10
11	12	13	14	15	16	17	18	19	20
21	22	23	24	25	26	27	28	29	30
31	32	33	34	35	36	37	38	39	40
41	42	43	44	45					

1	2	3	4	5	6	7	8	9	10
11	12	13	14	15	16	17	18	19	20
21	22	23	24	25	26	27	28	29	30
31	32	33	34	35	36	37	38	39	40
41	42	43	44	45					

1	2	3	4	5	6	7	8	9	10
11	12	13	14	15	16	17	18	19	20
21	22	23	24	25	26	27	28	29	30
31	32	33	34	35	36	37	38	39	40
41	42	43	44	45					

Gracias al código sagrado 334, está activado en mi hecho está...

GRACIAS, GRACIAS, GRACIAS

CÓDIGO SAGRADO
42170

EL DINERO LLEGA DE FORMA FLUIDA Y SIN TROPIEZOS.

Aplico el código sagrado 42170 con el fin de atraer a mi vida_____, 42170, 42170... (45 veces).

1	2	3	4	5	6	7	8	9	10
11	12	13	14	15	16	17	18	19	20
21	22	23	24	25	26	27	28	29	30
31	32	33	34	35	36	37	38	39	40
41	42	43	44	45					

1	2	3	4	5	6	7	8	9	10
11	12	13	14	15	16	17	18	19	20
21	22	23	24	25	26	27	28	29	30
31	32	33	34	35	36	37	38	39	40
41	42	43	44	45					

1	2	3	4	5	6	7	8	9	10
11	12	13	14	15	16	17	18	19	20
21	22	23	24	25	26	27	28	29	30
31	32	33	34	35	36	37	38	39	40
41	42	43	44	45					

Gracias al código sagrado 42170 está activado en mi hecho está....

GRACIAS, GRACIAS, GRACIAS

CÓDIGO SAGRADO
94, 736 ó 12

SANAR LA SENSACIÓN DE NO MERECIMIENTO

Aplico el código sagrado 94, 736 ó 12 con el fin de atraer a mi vida_____, 94, 736 ó 12... (45 veces).

1	2	3	4	5	6	7	8	9	10
11	12	13	14	15	16	17	18	19	20
21	22	23	24	25	26	27	28	29	30
31	32	33	34	35	36	37	38	39	40
41	42	43	44	45					

1	2	3	4	5	6	7	8	9	10
11	12	13	14	15	16	17	18	19	20
21	22	23	24	25	26	27	28	29	30
31	32	33	34	35	36	37	38	39	40
41	42	43	44	45					

1	2	3	4	5	6	7	8	9	10
11	12	13	14	15	16	17	18	19	20
21	22	23	24	25	26	27	28	29	30
31	32	33	34	35	36	37	38	39	40
41	42	43	44	45					

Gracias al código sagrado 94, 736 ó 12, está activado en mi hecho está...

GRACIAS, GRACIAS, GRACIAS

CÓDIGO SAGRADO
454545

SAN EXPEDITO (CÓDIGO DE LA TRIPLE MANIFESTACIÓN. SAN EXPEDITO A MANIFESTADO QUE DESEA SER LLAMADO EL DÍA 19 DE CADA MES).

Aplico el código sagrado 454545 con el fin de atraer a mi vida_____, 454545, 454545... (45 veces).

1	2	3	4	5	6	7	8	9	10
11	12	13	14	15	16	17	18	19	20
21	22	23	24	25	26	27	28	29	30
31	32	33	34	35	36	37	38	39	40
41	42	43	44	45					

1	2	3	4	5	6	7	8	9	10
11	12	13	14	15	16	17	18	19	20
21	22	23	24	25	26	27	28	29	30
31	32	33	34	35	36	37	38	39	40
41	42	43	44	45					

1	2	3	4	5	6	7	8	9	10
11	12	13	14	15	16	17	18	19	20
21	22	23	24	25	26	27	28	29	30
31	32	33	34	35	36	37	38	39	40
41	42	43	44	45					

Gracias al código sagrado 454545 está activado en mi hecho está...

GRACIAS, GRACIAS, GRACIAS

CÓDIGO SAGRADO

8829,375,684,424,299,874,1697,531,889,912, 16700,ó 5600

ENCONTRAR EMPLEO/ SAN EXPEDITO

Aplico el código sagrado 8829, 375, 684, 424, 299, 874, 1697, 531, 889, 912, 16700, 5600 con el fin de atraer a mi vida_____,8829, 8829... (45 veces).

1	2	3	4	5	6	7	8	9	10
11	12	13	14	15	16	17	18	19	20
21	22	23	24	25	26	27	28	29	30
31	32	33	34	35	36	37	38	39	40
41	42	43	44	45					

1	2	3	4	5	6	7	8	9	10
11	12	13	14	15	16	17	18	19	20
21	22	23	24	25	26	27	28	29	30
31	32	33	34	35	36	37	38	39	40
41	42	43	44	45					

1	2	3	4	5	6	7	8	9	10
11	12	13	14	15	16	17	18	19	20
21	22	23	24	25	26	27	28	29	30
31	32	33	34	35	36	37	38	39	40
41	42	43	44	45					

Gracias al código sagrado 8829 está activado en mi hecho está...

GRACIAS, GRACIAS, GRACIAS

CÓDIGO SAGRADO
822

COSECHAR EL ESFUERZO REALIZADO, RECUPERANDO EL TIEMPO PERDIDO DR. JOSÉ GREGORIO HERNÁNDEZ

Aplico el código sagrado 822 con el fin de atraer a mi vida_____, 822, 822... (45 veces).

1	2	3	4	5	6	7	8	9	10
11	12	13	14	15	16	17	18	19	20
21	22	23	24	25	26	27	28	29	30
31	32	33	34	35	36	37	38	39	40
41	42	43	44	45					

1	2	3	4	5	6	7	8	9	10
11	12	13	14	15	16	17	18	19	20
21	22	23	24	25	26	27	28	29	30
31	32	33	34	35	36	37	38	39	40
41	42	43	44	45					

1	2	3	4	5	6	7	8	9	10
11	12	13	14	15	16	17	18	19	20
21	22	23	24	25	26	27	28	29	30
31	32	33	34	35	36	37	38	39	40
41	42	43	44	45					

Gracias al código sagrado 822 está activado en mi hecho está...

GRACIAS, GRACIAS, GRACIAS

CÓDIGO SAGRADO
212

CORRECTO MANEJO DEL DINERO

Aplico el código sagrado 212 con el fin de atraer a mi vida_____, 212, 212... (45 veces).

1	2	3	4	5	6	7	8	9	10
11	12	13	14	15	16	17	18	19	20
21	22	23	24	25	26	27	28	29	30
31	32	33	34	35	36	37	38	39	40
41	42	43	44	45					

1	2	3	4	5	6	7	8	9	10
11	12	13	14	15	16	17	18	19	20
21	22	23	24	25	26	27	28	29	30
31	32	33	34	35	36	37	38	39	40
41	42	43	44	45					

1	2	3	4	5	6	7	8	9	10
11	12	13	14	15	16	17	18	19	20
21	22	23	24	25	26	27	28	29	30
31	32	33	34	35	36	37	38	39	40
41	42	43	44	45					

Gracias al código sagrado 212 está activado en mi hecho está...

GRACIAS, GRACIAS, GRACIAS

CÓDIGO SAGRADO
897 ó 42170

EN CASOS APREMIANTES NOS LLEGUE DINERO DE URGENCIA

Aplico el código sagrado 897 ó 42170 con el fin de atraer a mi vida_____, 897 ó 42170, ... (45 veces).

1	2	3	4	5	6	7	8	9	10
11	12	13	14	15	16	17	18	19	20
21	22	23	24	25	26	27	28	29	30
31	32	33	34	35	36	37	38	39	40
41	42	43	44	45					

1	2	3	4	5	6	7	8	9	10
11	12	13	14	15	16	17	18	19	20
21	22	23	24	25	26	27	28	29	30
31	32	33	34	35	36	37	38	39	40
41	42	43	44	45					

1	2	3	4	5	6	7	8	9	10
11	12	13	14	15	16	17	18	19	20
21	22	23	24	25	26	27	28	29	30
31	32	33	34	35	36	37	38	39	40
41	42	43	44	45					

Gracias al código sagrado 897 ó 42170 está activado en mi hecho está...

GRACIAS, GRACIAS, GRACIAS

CÓDIGO SAGRADO
858

SAN ANTONIO DE PADUA(RECUPERAR ELEMENTOS PERDIDOS, RECIBIR DINERO DE DEUDAS)

Aplico el código sagrado 858 con el fin de atraer a mi vida_____, 858, 858... (45 veces).

1	2	3	4	5	6	7	8	9	10
11	12	13	14	15	16	17	18	19	20
21	22	23	24	25	26	27	28	29	30
31	32	33	34	35	36	37	38	39	40
41	42	43	44	45					

1	2	3	4	5	6	7	8	9	10
11	12	13	14	15	16	17	18	19	20
21	22	23	24	25	26	27	28	29	30
31	32	33	34	35	36	37	38	39	40
41	42	43	44	45					

1	2	3	4	5	6	7	8	9	10
11	12	13	14	15	16	17	18	19	20
21	22	23	24	25	26	27	28	29	30
31	32	33	34	35	36	37	38	39	40
41	42	43	44	45					

Gracias al código sagrado 858, está activado en mi hecho está...

GRACIAS, GRACIAS, GRACIAS

✶ AFIRMACIONES ✶

45 cartas de afirmaciones, para atraer la prosperidad y abundancia a tu vida.

Haz tu propio oráculo y cada día conéctate con la abundancia del Universo.

BY LAA

Este libro trae **COMO REGALO 45 CARTAS DE AFIRMACIONES SOBRE LA PROSPERIDAD Y LA ABUNDANCIA,** para potencializar la oración de códigos sagrados.

Forma de ensamblar las cartas:

Recorta las hojas, encontrarás el lado A donde esta la afirmación del día.

En un cartón resistente pega el lado reverso de la sección A, y para preservarlas colócale papel adhesivo transparente y de esta manera vas haciendo tu oráculo de afirmaciones.

Forma de usar las afirmaciones:

Cada mañana:
Cierra tus ojos, haz una respiración profunda, conéctate con tu corazón, piensa en una intención o pregunta, escoge una carta al azar y confía en el mensaje que tu alma tiene para ti y puedes hacer una meditación activa con esta afirmación pintando el mandala de la carta, antes de colocarle el papel adhesivo transparente.

Despúes de orar tus códigos sagrados,
puedes utilizar estas afirmaciones para
reforzarlos e interiorizarlos más en tu vida¡

AFIRMACIÓN DEL DÍA

Agradezco al Universo toda la prosperidad y
abundancia material y espiritual que llega a mi
vida.

AFIRMACIÓN DEL DÍA

Bendigo y agradezco todos los
bienes espirituales y materiales
que tengo

AFIRMACIÓN DEL DÍA

Estoy a salvo, confío en la vida que
todo lo que necesito me lo provee

AFIRMACIÓN DEL DÍA

Merezco todo lo bueno de la vida,
estoy abierta a recibir la
abundancia y prosperidad

AFIRMACIÓN DEL DÍA

Vivo en un mundo prospero

Reverso para pegar sobre cartón

AFIRMACIÓN DEL DÍA

La estabilidad económica forma
parte de mi plan de vida

AFIRMACIÓN DEL DÍA

Elijo ser prospera(o), rica(o) y
abundante en cada momento

AFIRMACIÓN DEL DÍA

Soy creador (a) de la abundancia
en mi vida

AFIRMACIÓN DEL DÍA

Fluyo siempre en libertad
financiera

1 Lado A

Reverso para pegar sobre cartón

AFIRMACIÓN DEL DÍA

Atraigo el dinero en mi vida en forma sostenida e ilimitada

AFIRMACIÓN DEL DÍA

Soy generosa(o) y prospera (o), atraigo lo que por derecho divino me corresponde

AFIRMACIÓN DEL DÍA

El dinero que requiero fluye a mi de manera inesperada

AFIRMACIÓN DEL DÍA

Libero la carencia y la transformo en estabilidad economica ilimitada

Reverso para pegar sobre cartón

AFIRMACIÓN DEL DÍA

Se derraman sobre mi infinitas bendiciones materiales

AFIRMACIÓN DEL DÍA

Doy y recibo con alegría y amor

AFIRMACIÓN DEL DÍA

El dinero circula en mi vida constantemente

AFIRMACIÓN DEL DÍA

La prosperidad en todos los aspectos fluyen hacia mi

Reverso para pegar sobre cartón

AFIRMACIÓN DEL DÍA

Las oportunidades
económicas en mi vida son
constantes

AFIRMACIÓN DEL DÍA

El dinero llega a mi
fácilmente

AFIRMACIÓN DEL DÍA

Soy un imán para atraer
prosperidad y abundancia

AFIRMACIÓN DEL DÍA

Manifiesto estabilidad
económica en cada paso
que doy

Reverso para pegar sobre cartón

AFIRMACIÓN DEL DÍA
Agradezco continuamente el flujo económico en mi vida

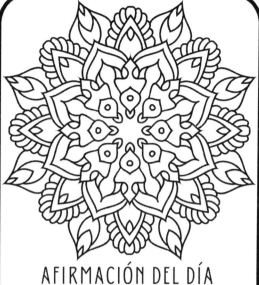

AFIRMACIÓN DEL DÍA
El dinero que doy, regresa a mi multiplicado

AFIRMACIÓN DEL DÍA
Bendigo y agradezco los recursos económicos que llegan a mi

AFIRMACIÓN DEL DÍA
Recibo dinero inesperado de muchas fuentes y en todo momento

Reverso para pegar sobre cartón

AFIRMACIÓN DEL DÍA
Soy merecedora(o) de la
abundancia y prosperidad.

AFIRMACIÓN DEL DÍA
Estoy abierta(o) a recibir
dinero de forma inesperada

AFIRMACIÓN DEL DÍA
Mi provision material es
infinita y constante

AFIRMACIÓN DEL DÍA
Siempre tengo el dinero
suficiente para satisfacer mis
necesidades

1 Lado A

AFIRMACIÓN DEL DÍA

Mis actitudes, pensamientos y acciones son de abundancia

AFIRMACIÓN DEL DÍA

Bendigo cada oportunidad económica que se me presenta

AFIRMACIÓN DEL DÍA

Mi camino esta lleno de bendiciones y prosperidad

AFIRMACIÓN DEL DÍA

Elijo las experiencias de vida, que manifiestan la prosperidad y abundancia económica

Reverso para pegar sobre cartón

AFIRMACIÓN DEL DÍA

Mi creador provee los recursos que requiero de forma inmediata

AFIRMACIÓN DEL DÍA

Acepto y agradezco las infinitas formas en que el dinero fluye en mi vida

AFIRMACIÓN DEL DÍA

El dinero que sale regresa multiplicado y bendecido

AFIRMACIÓN DEL DÍA

El dinero y la abundancia son un reflejo de mi ser

Reverso para pegar sobre cartón

AFIRMACIÓN DEL DÍA

Soy abundante, prospera (o) y feliz

AFIRMACIÓN DEL DÍA

Los caminos de la prosperidad y la abundancia siempre están abiertos para mi

AFIRMACIÓN DEL DÍA

Soy reflejo de la abundancia del universo

AFIRMACIÓN DEL DÍA

Recibo con gratitud las bendiciones que la vida me da

Reverso para pegar sobre cartón

AFIRMACIÓN DEL DÍA
Disuelvo y transmuto todo lo
que me impide fluir en la vida

AFIRMACIÓN DEL DÍA
Activo la abundancia
espiritual y material en mi vida

AFIRMACIÓN DEL DÍA
Reconozco mi derecho a vivir
una vida abundante

AFIRMACIÓN DEL DÍA
Soy reflejo de la abundancia
y prosperidad del universo

Reverso para pegar sobre cartón

MEREZCO UNA VIDA ...

ABUNDANTE Y PROSPERAi

Soy la hija(o) del Creador, de este Universo abundante y prospero, por tanto él me provee y tengo el derecho de vivir una vida abundante y próspera.

Hecho está... gracias , gracias, gracias, !

51591785R00041

Made in United States
Orlando, FL
16 September 2024